MW00770398

SPA 242.34 H886P 2015

Hudson, Trevor.
Pausas para la Cuaresma

X119941441   BGP

TREV

Pausas
para la
Cuaresma

40 palabras *para* 40 días

Dallas Public Library

UPPER
ROOM BOOKS®
NASHVILLE

Pausas para la Cuaresma: 40 palabras para 40 días
Título original: *Pauses for Lent: 40 Words for 40 Days*
Copyright © 2015 por Trevor Hudson
Todos los derechos reservados.
Traducido por Magda Velander.

Ninguna parte de este libro puede ser reproducida de ninguna manera sin permiso, excepto por citas breves en artículos críticos o revisiones. Para obtener información, escriba a Upper Room Books, 1908 Grand Avenue, Nashville, TN 37212.

Sitio web de Upper Room Books®: books.upperroom.org

Upper Room®, Upper Room Books® y logos de diseño son marcas registradas propiedad de The Upper Room®, Nashville, Tennessee. Todos los derechos reservados.

Las citas bíblicas que no se indican de otra manera provienen de la Santa Biblia, Reina-Valera 1995 (RVR1995). Derechos de autor © 1995 por Sociedades Bíblicas Unidas. Utilizado con permiso. Todos los derechos reservados.

Las citas bíblicas marcadas como NVI son tomadas de la Santa Biblia, Nueva Versión Internacional® NVI® Derechos de autor © 1986, 1999, 2015 Socieda Bíblica Internacional ®. Usada con permiso. Todos los derechos reservados.

Diseño de la portada, ilustración y diseño de interiores: Emily Weigel / Faceout Studio

Print ISBN: 978-0-8358-1867-4
Mobi ISBN: 978-0-8358-1868-1
Epub ISBN: 978-0-8358-1869-8

INTRODUCCIÓN

«¿A qué renunciaste en la Cuaresma?» Recuerdo que cuando yo era un jovencito seguidor de Cristo, un compañero cristiano me hizo esa pregunta. Él venía de una iglesia de una denominación muy diferente a la mía. Debo confesar que no tenía ni idea de lo que él me preguntaba. Tenía mucho que aprender sobre la historia de mi nueva familia cristiana. Tal vez, como yo, usted tampoco sabe mucho sobre esta temporada llamada Cuaresma. Permítanme compartir con ustedes lo que he descubierto sobre la Cuaresma, el calendario litúrgico y la historia de la iglesia.

El calendario cristiano contiene diferentes estaciones. Estas estaciones son «regalos de tiempo» que la iglesia ofrece para ayudarnos a participar más plenamente en lo que Dios ha hecho en la historia de la humanidad. Por ejemplo, la mayoría de nosotros estamos familiarizados con los regalos de Navidad, las épocas de Pascua y Pentecostés. Temporadas en las que nos enfocamos en el nacimiento de Jesús, la resurrección de Jesús y la presencia del Espíritu Santo respectivamente. Imagínese cuán vacíos podrían estar nuestros seguidores de Cristo sin estos regalos sagrados de tiempo durante los cuales dedicamos atención especial a estos eventos únicos.

Entonces, ¿de qué se trata la Cuaresma? A menos que fuéramos educados en la tradición católica o anglicana, nuestros conocimientos sobre esta temporada en particular podrían ser limitados. Nuestra ignorancia tiene consecuencias desafortunadas: perdemos una maravillosa oportunidad de reflexionar sobre nuestras vidas, enfrentar nuestras adicciones al consumo cultural y ser más intencionales en nuestro caminar con Cristo. Pero lo más triste es que, cuando subestimamos la Cuaresma, no recibimos a plenitud las posibilidades de transformación que traen la muerte y resurrección de Jesús.

La primera mención acerca de la Cuaresma, aparece en un documento de la iglesia en el Concilio de Trento (año 325 d.c.). Este concilio produjo uno de nuestros credos más importantes. El Credo Niceno. En ese tiempo, la Cuaresma se refería a un tiempo especial de preparación para los nuevos discípulos antes de que fueran recibidos en la iglesia cristiana el Domingo de Pascua. Los registros también indican que fue un tiempo de preparación para la restauración y reconciliación de aquellos que habían negado su fe durante la persecución.

Eventualmente a todos los seguidores de Cristo se les animaba a participar de la Cuaresma como un viaje de cuarenta días que conduce a los eventos del Viernes Santo y Domingo de Pascua. El número cuarenta no fue elegido al azar. Cuarenta es un número asociado con tiempos de intensa preparación espiritual y una significativa transición en la Biblia. Piense en los cuarenta años que Moisés pasó en el desierto antes recibir el llamado de Dios para liberar a los israelitas y construir una nueva nación. Piense en los cuarenta días que Jesús estuvo en el desierto luchando con la tentación antes de embarcarse en su ministerio público.

Durante los cuarenta días de la Cuaresma, los discípulos de Jesús son animados a participar en tres prácticas espirituales. Estas prácticas son aquellas mencionadas específicamente por Jesús en el Sermón del Monte: Dar a los pobres, oración y ayuno (ver Mateo 6:1-18). En esta guía para el viaje por la Cuaresma, quiero sugerir algo un poco diferente. Pido a Dios que este libro llegue a maximizar las oportunidades durante la temporada de Cuaresma para profundizar nuestras relaciones con el Crucificado que vive más allá de la crucifixión.

Cómo usar este libro

Primero, le invito a comprometerse en hacer una pausa cada día durante la Cuaresma. Tendrá que decidir qué hora del día es mejor para usted, de cuánto tiempo puede disponer y en qué lugar estará durante esos minutos. Esto puede ser lo primero que hace en la mañana, o cuando llegue al trabajo, o cuando los niños se van a la escuela, o durante el descanso para el almuerzo. Este arte de sosegarse, abre en su vida agitada para escuchar a Dios.

Segundo, he proporcionado cuarenta palabras para los cuarenta días de la Cuaresma. Cada día usted se centrará en una palabra y cada meditación viene con un versículo de la Biblia y una breve reflexión. Durante su pausa diaria, lea el versículo en voz alta varias veces, lea la meditación, y luego tome algún tiempo para pensar en lo que Dios puede estar diciéndole a través de la palabra para ese día. Espero que tanto el versículo como la meditación le ayuden a explorar el significado que la palabra tiene para usted en esta estación de la vida. También he proporcionado meditaciones más largas para cada domingo de Cuaresma, incluyendo el Domingo de Pascua, dándole la oportunidad de reflexionar sobre las circunstancias que condujeron a la crucifixión y resurrección de Jesús.

Tercero, cada palabra viene con una práctica diaria. Sugiero prácticas deliberadas que no exigirán demasiado tiempo extra. De hecho, a menudo, las prácticas involucrarán acciones que usted ya realiza. Confío en que unir conscientemente estas actividades a la palabra del día, le ayudará a ver su vida cotidiana como el lugar donde Dios quiere reunirse con usted. Después de todo, Cristo le llama a seguirlo en medio de las complicaciones y la confusión de su vida cotidiana.

Por último, espero que no viaje solo a través de este libro. El regalo del tiempo de la Cuaresma es personal pero no privado. Es para ser recibido y compartido con otros amigos de Jesús, porque cuando Cristo entra en su vida, siempre trae a sus hermanos y hermanas con él. La Cuaresma, por lo tanto, no es sólo el momento de preparación personal para un encuentro más rico, más profundo y más vital con el Cristo viviente, sino también un tiempo en que usted se abre más amplia y generosamente a aquellos compañeros con los que Dios quiere que usted viaje por el camino del discipulado.

Para terminar, le animo a que comparta con otras dos o tres personas este viaje de Cuaresma de cuarenta días. Tal vez una vez por semana pueden reunirse mientras toman café, o antes de la iglesia y reflexionar juntos sobre sus experiencias de las prácticas cotidianas y compartir cómo Dios puede estar hablándoles a través de la palabra de cada día. Puedo asegurarle que, si usted tuviera que hacer este viaje con otras personas, no perdería un solo día de este regalo de vida de la Cuaresma.

POLVO

«...pues polvo eres y al polvo volverás».
Génesis 3:19

En el primer día de la Cuaresma, al que la iglesia llama Miércoles de Ceniza, muchas personas llevan en la frente el símbolo de la cruz de ceniza como recordatorio de que son criaturas de polvo. Somos frágiles, falibles, seres humanos caídos. Desde el momento en que salimos del vientre de nuestra madre, comenzamos el proceso de morir.

Pensar que un día seremos nada más que cenizas es una realidad bastante triste. No nos sorprende que muchos de nosotros evitamos enfrentar esta realidad. No es un tema sobre el que queremos reflexionar o hablar o incluso leer. Después de todo, cuando empezamos a sentir que somos casi nada, fácilmente podemos caer en la desesperación. Nacer para morir no es una buena noticia.

Sin embargo, el hecho de que seamos marcados por el signo de la cruz nos indica que somos infinitamente más que polvo. Somos amados por Dios y nada, ni siquiera la muerte, puede separarnos del amor de Dios a través de Jesucristo. Somos polvo del soplo de Dios que sustenta la vida y derrota la muerte. Somos la ceniza amada de Dios.

Práctica diaria

Salga y recoja un puñado de tierra. A medida que lo haga concéntrese en estos dos símbolos: El polvo y la cruz. Incluso cuando limpie la cruz de ceniza de su frente, recuerde la realidad de su identidad: eres polvo redimido por la cruz.

REGRESO

...convertíos a Jehová, vuestro Dios;
porque él es misericordioso y clemente...
Joel 2:13

Nuestras vidas se alejan continuamente de su verdadero hogar. Olvidamos que somos amados por Dios. Olvidamos que no somos Dios. Sucumbimos a las tentaciones del dinero, sexo y poder. Ignoramos las súplicas de nuestros hermanos y hermanas. Nos centramos únicamente en nosotros mismos.

Durante la Cuaresma, Dios nos llama a casa. Recordamos quiénes somos realmente. Dejamos que Dios entre en nuestras vidas. Respondemos al sufrimiento de nuestro vecino. En pocas palabras, comenzamos de nuevo con Dios.

Sólo cuando el amor de Dios, plenamente revelado en el Crucificado, perfora nuestros corazones, respondemos amorosamente a Dios. Durante la Cuaresma, escuchamos esta buena noticia: Dios nos ama apasionadamente y quiere que volvamos a casa. La Cuaresma nos invita a abrir nuestras vidas a este amor sin importar lo lejos que hayamos ido y volver otra vez al Dios que siente amor por nosotros.

Práctica diaria

Medite en la palabra «regresar» y pida al Espíritu Santo que profundice su conciencia el amor de Dios. Sea consciente de las diferentes maneras en que el Amor Divino llega a usted: En la sonrisa de un extraño, la presencia de un amigo, la belleza de una puesta de sol, al disfrutar de un paseo. Antes de ir a dormir, piense en todos estos dones del amor de Dios, siéntalos y de gracias por ellos.

ELEGIR

*«...escoge, pues, la vida, para que vivas tú y
tu descendencia, amando a Jehová, tu Dios,
atendiendo a su voz y siguiéndolo a él...».*
Deuteronomio 30:19-20

Las decisiones que tomamos son importantes porque sus consecuencias influyen por siempre en nuestras vidas y en la de otros. Cuando mis hijos fueron creciendo, a menudo les decía: «Ustedes son libres de elegir hacer lo que quieran, pero no tienen libertad para elegir las consecuencias».

En medio del viaje por el desierto, Moisés invita a los israelitas a tomar decisiones que conduzcan a la vida. Mientras no tienen el control de lo que les sucede, tienen control de cómo responderán a los acontecimientos de sus vidas. Las consecuencias de estas decisiones les murmurarán a través de sus vidas y en el futuro.

La Cuaresma nos pide que examinemos nuestras elecciones en casi todos los momentos de nuestras vidas: En nuestros pensamientos, nuestra imaginación y nuestras acciones. Incluso cuando no estamos en acción, tomamos decisiones que nos dirigen ya sea hacia la vida o la muerte. Elegir vida implica tomar conciencia de aquellas tendencias dentro de nosotros que sabotean nuestras vidas y las de quienes las incentivan.

Práctica diaria

Haga dos listas hoy: «¿Qué me trae vida?», y «¿Qué cosas me quitan vida?» Escriba en cada una durante todo el día. Al final, reflexione sobre estas dos columnas y pídale a Dios guía para elegir la vida. De gracias a Dios por la nueva vida que viene por medio de Jesucristo.

AYUNO

«Pero tú, cuando ayunes, unge tu cabeza y lava tu rostro, para no mostrar a los hombres que ayunas, sino a tu Padre que está en secreto; y tu Padre, que ve en lo secreto, te recompensará en público».
Mateo 6:17-18

A través de los siglos, aquellos que hicieron impacto en su generación por el amor a Cristo, practicaron el ayuno. Esto implica pasar un determinado tiempo sin alimentos. Ciertamente, Jesús asume que sus seguidores ayunarán como parte de su relación con Dios. Él dice: «cuando usted hace ayuno. . .» no, «si usted hace ayuno. . . .»

El ayuno se refiere realmente a festejar, y nos gratifica con la oportunidad de deleitarnos en la abrumadora bondad y el amor de Dios por nosotros. Hacemos esto durante nuestro ayuno, alimentándonos de esas palabras con las que Dios nos habla. Aprendemos que no vivimos sólo del pan, sino por cada palabra de Dios.

Cuándo Jesús nos enseña a no lucir abatidos mientras ayunamos, no nos invita a engañar a otros. Sabe que no estaremos tristes. Él aprendió de su propia experiencia que el ayuno nos guía hacia aquellos dones invisibles que vienen sólo de Dios.

Práctica diaria

Absténgase de comer hoy entre las comidas, o elija un día para ayunar. Permita que sus deseos de comer profundicen su conciencia sobre los recursos espirituales que Dios le da para soportar otras privaciones difíciles. Recuerde esto: ayunar significa festejar en las palabras de Dios.

PRIMER DOMINGO DE CUARESMA

Leer Marcos 1:12-15

*Después que Juan fue encarcelado, Jesús fue a Galilea
predicando el evangelio del reino de Dios. Decía:
«El tiempo se ha cumplido y el reino de Dios se ha
acercado. ¡Arrepentíos y creed en el evangelio!».*
Marcos 1:14-15

Otro tipo de vida está disponible para cada uno de nosotros, ahí donde estamos, ahora mismo. Esta asombrosa oferta se encuentra en el corazón del mensaje de Jesús sobre la disponibilidad del reino de Dios. Jesús nos trae no tanto un consejo nuevo, o una nueva agenda social o un nuevo tipo de espiritualidad, si no, un nuevo tipo de vida.

¿Cómo podemos describir la vida en el reino? Es una vida de intimidad en la que llegamos a conocer a Dios personalmente como Abba. Es una vida compartida a través de la cual llegamos a descubrirnos como parte de la familia de Dios. Es una vida transformadora en la que gradualmente nos convertimos en las personas que Dios quiere que seamos. Es una vida poderosa en la cual Dios obra a través de nosotros por el bien de los demás y la curación de nuestro mundo. Es una vida amorosa en la que nos volvemos más sensibles a las necesidades de los que nos rodean. Sobre todo, es una vida eterna que no puede ser extinguida por la muerte.

Deseamos profundamente la vida en el reino eterno. Este anhelo está escrito en letras mayúsculas en los vacíos de nuestras almas, en el dolor de nuestras relaciones y en las luchas en nuestras comunidades. A pesar de la abundancia de técnicas para la auto realización y autoayuda, aún experimentamos y somos testigos de la desesperación, adicción y de lo que parece ser una trágica incapacidad para llevarnos bien con los más cercanos a nosotros. Parece que no podemos vivir bien.

Para entrar en el gozo de la vida en el reino eterno, necesitamos abrirnos al arrepentimiento y la confianza. Debemos recorrer el camino diario de regreso hacia Cristo resucitado y aprender de él cómo vivir nuestras vidas. A medida que lo hacemos, él emerge de las páginas de los Evangelios como nuestro compañero siempre presente y nos da el coraje para seguirlo.

C A L M A

«Estad quietos y conoced que yo soy Dios...».
Salmo 46:10

Es muy común colocar imanes proclamando este verso de los Salmos en nuestros refrigeradores. Pero hay una enorme diferencia entre pegar este verso en la nevera y vivirlo. Encontrar quietud y silencio en un mundo condicionado por el ruido, las ocupaciones y palabras no es fácil. No es de extrañar nuestra ausencia de conocimiento personal e íntimo del Eterno.

El salmista enfatiza que necesitamos estar en calma para conocer a Dios. Tal vez por eso nuestras almas añoran la quietud. En su ansiedad, anhelan esa silenciosa comunión con Dios para la que fueron creadas. Consciente de esto, Desmond Tutu escribe: «Cada uno de nosotros quiere y necesita un espacio para aquietarse». Es en la quietud de nuestras almas cómo llegamos a saber lo que nuestros corazones anhelan: la Divina Presencia viva en cada uno. De esta manera, podemos ver la importancia de fomentar una vida de quietud exterior e interior.

Práctica diaria

Podemos experimentar quietud y silencio intencionalmente, al no escuchar la radio o música cuando manejamos o vamos en el autobús o metro. Estos medios de transporte serán lugares móviles de quietud, donde podemos entrar un espacio de calma con Dios en medio del afán diario. Recuerde que Dios se reúne con usted en el silencio.

AMOR

...no amemos de palabra ni de lengua, sino de hecho y en verdad.
1 Juan 3:18

A menudo pensamos en el amor como un cierto tipo de sentimiento. Pero si esperamos por los sentimientos amorosos, puede que nunca lleguemos a amar realmente. Por otro lado, cuando realizamos un acto amoroso, los sentimientos de amor también están presentes.

Estas acciones amorosas no necesitan ser grandes. Elegimos actuar por amor, dando pequeños pasos siempre que podamos. Una sonrisa, un apretón de manos, un abrazo, una llamada telefónica, un saludo, una visita, son pequeños pasos hacia el amor. «Cada paso», escribe Henri J. M. Nouwen, «es como una vela ardiendo en la noche».

La Cuaresma nos invita a practicar el amor. Dios nos ama apasionadamente, no para que lo guardemos todo en nuestros corazones, sino para regalarlo a los que nos rodean. Podemos comenzar ahora mismo, justo donde estamos, con las personas más cercanas a nosotros.

Práctica diaria

Pida hoy la dirección de Dios para dar pasos pequeños de amor. Comience con sus vecinos más cercanos, o con quienes viven con usted y luego incluya a cada persona que se cruce en su camino. Llene deliberadamente el día con la luz de los actos amorosos, por pequeños que sean, dondequiera que vaya.

LUZ

Otra vez Jesús les habló, diciendo:
«Yo soy la luz del mundo; el que me sigue no andará
en tinieblas, sino que tendrá la luz de la vida».
Juan 8:12

La oscuridad reside alrededor y dentro de nosotros. Experimentamos diferentes tipos de oscuridad: la oscuridad del dolor y el sufrimiento intenso, la oscuridad de la soledad y la aflicción, la oscuridad del mal y del pecado y sobre todo la oscuridad de la muerte misma. Estar abrumado por la oscuridad puede causar dificultad, confusión y dolor.

Cristo entra en la oscuridad de nuestro mundo como la luz. Su vida refleja y cumple la profecía de Isaías: «El pueblo que andaba en la oscuridad ha visto una gran luz» (9: 2). Desde entonces, la luz radiante de Cristo brilla entre nosotros.

Cuando seguimos a Cristo, su luz entra a nuestras tinieblas. Ilumina nuestras vidas con su dirección, nos libera de los poderes oscuros y nos permite vivir una vida más plena y libre. En efecto, ¡nos convertimos en hijos de luz en un mundo oscuro!

Práctica diaria

Encienda una vela en su lugar de trabajo, en algún lugar de su casa como recordatorio de las buenas nuevas de Juan 8:12. Pregúntese, ¿Cuáles son las áreas oscuras en su vida? Preséntele estas áreas al Cristo viviente y deja que la luz de Cristo que nunca se ha extinguido, brille en la oscuridad.

Día 8

VER

«...una cosa sé, que habiendo yo sido ciego, ahora veo».
Juan 9:25

Deseamos ver y ser vistos. Muchas veces le hemos dicho a nuestros seres queridos que están ausentes: «¡Qué bueno sería verte de nuevo!» También queremos que los demás busquen nuestra presencia. Sentirse desapercibido o ignorado puede ser muy doloroso. Una persona mayor me expresó con dolor: «La gente pasa por mi lado como si yo fuera invisible».

La fe cristiana implica una nueva forma de ver. Cuando Jesús se convierte en parte de nuestras vidas, vemos más claramente a las personas y cosas en nuestro mundo. John Newton, el dueño de esclavos convertido, y escritor de himnos, describió su transformación interna en estas palabras: «Era ciego, pero ahora . . . veo».

La gracia de Dios abre los ojos ciegos para que puedan ver con los ojos de Cristo, Así que, reflexionemos sobre nuestra visión de espiritualidad: Nuestras vidas apresuradas, hacen de todo y de todos unos borrones pasajeros. ¿No es hora de que nuestros ojos sean tocados por Cristo? Que nuestros ojos sean cada vez más como sus ojos. Ojos que realmente puedan ver a los demás por quienes ellos son.

Práctica diaria

Mire hoy la creación de Dios por su ventana. Deje que sus ojos se enfoquen en algo de belleza. Mire a las personas que conoce y vea en sus rostros la belleza singular que Dios les ha dado. De gracias durante todo el día por el regalo de los nuevos ojos que Dios nos da para ver su creación.

PEDIR

«Pedid, y se os dará...».
Mateo 7:7

«Pide», Jesús enseña, «y se te dará». Esta enseñanza se aplica tanto a la forma en que nos acercamos a los demás como a la forma en que nos acercamos a Dios. Como lo señala Dallas Willard: «Qué hermoso es ver relaciones en las que pedir y recibir son un gozo y una amorosa forma de vida».

Pedir lo que necesitamos no significa que obtendremos todo lo que pedimos. Pero al pedir en oración, aprendemos humildad, descubrimos nuestra interdependencia, y permitimos que tanto los demás como Dios muestren que se preocupan por nosotros Pedir en oración es la forma en que nuestra relación con Dios y con los demás se vuelven más reales, honestas e íntimas.

Pedir puede ser difícil para algunos de nosotros. A medida que crecemos, tendemos a ocultar nuestras necesidades reales. Porque queremos parecer fuertes, en control, y autosuficientes. No pedimos ayuda. La época de la Cuaresma nos desafía a tomar conciencia de nuestra necesidad de la gracia y la ayuda de Dios. Nos invita a ver realmente cuan necesitados estamos de la gracia de Dios, nos invita a dejar de fingir y a pedir en oración.

Práctica diaria

Pida ayuda a Dios, o a un amigo de confianza, sobre esa situación con la cual está luchando y por la que está ansioso o ansiosa.

Día 10

PALABRAS

«Pero yo os digo que de toda palabra ociosa que hablen los hombres, de ella darán cuenta en el día del juicio...».
Mateo 12:36

Las palabras tienen mucho poder espiritual: Ellas hieren y sanan, derrumban y edifican, desaniman y alientan. Jesús les da un valor eterno, cuando dice que seremos juzgados por las palabras que hemos dicho. Las palabras son siempre más que palabras.

No nos atrevamos a subestimar el daño que las palabras lesivas causan. Pueden destruir la confianza, empañar reputaciones, propagar rumores, dividir familias, dividir comunidades y provocar guerras. El viejo refrán que dice: «Palos y piedras pueden romper mis huesos, pero las palabras nunca me lastimarán», es una mentira.

Por el contrario, las palabras amables de amor y aprecio, tienen el potencial para traer bendición y vida. Ellas pueden hacer el amor de Dios real para quienes nos rodean. Durante la Cuaresma, pensemos cuidadosamente acerca de cómo hablamos a las otras personas.

Práctica diaria

Haga hoy un día de bendición de Cuaresma. Use palabras deliberadas de tal modo que ayuden a sanar, construir y dar ánimo. Intente hacer esto en todas las conversaciones que le sean posibles durante el día.

SEGUNDO DOMINGO DE CUARESMA

Leer Marcos 3:19-27

Y habiéndolos llamado, les hablaba en parábolas:
«¿Cómo puede Satanás echar fuera a Satanás? Si un reino está
dividido contra sí mismo, tal reino no puede permanecer».
Marcos 3:23-24

Superar el mal es un aspecto esencial en la vida de Jesús. Él no solo conquista el mal en medio de la tentación personal, sino que también libera a hombres y mujeres de la influencia del maligno, siempre que éste se manifiesta en el dolor y sufrimiento humano. Jesús, según los escritores del Nuevo Testamento, es el representante divino enviado a este mundo para liberar a los seres humanos de todas las formas en que se presenta el mal.

No es una sorpresa, como vemos en nuestra lecturas bíblicas, que sus oponentes estaban en desacuerdo; lo acusaban de tener nexos con el demonio Belcebú. Incluso, desde muy temprano en la etapa del ministerio de Jesús, sus detractores buscaban una razón para acabar con él. Por ejemplo, el Evangelio de Marcos, quiere mostrar que la sombra de la cruz comienza a caer sobre la vida de Jesús mucho antes de los eventos del Gólgota.

Pero Jesús responde de manera diferente a las tácticas de sus oponentes. Él rehúsa a responder al maligno con las armas del mal. Simplemente señala que sus acusaciones no son lógicas: Si Satanás expulsa a Satanás, entonces el maligno está luchando contra sí mismo. En cambio, Jesús vence al mal y trae el reino de la libertad de Dios a todos los que están cautivos por los poderes oscuros.

¿Cómo podemos compartir esta victoria hoy? Podemos enfrentar la oscuridad en nuestras vidas con honestidad y nombrarla por lo que es. Podemos confesar nuestra complicidad con los males sociales que nos rodean. Podemos llamar al crucificado y resucitado para que nos libere. Podemos tomar acciones contra la injusticia que nos rodea. Y, sobre todo, podemos empeñarnos en demostrar el poder que es más fuerte que el mal: el poder de la autoentrega y el amor de la crucifixión.

A B B A

«¡Abba, Padre!, todas las cosas son posibles para ti...».
Marcos 14:36

«Abba» es la palabra especial que Jesús usa para referirse a Dios. El sacerdote católico Albert Nolan lo señala «como una forma única de abordar y referirse a Dios». Este término combina profunda reverencia, intimidad cálida y confianza, que muestran el tipo de relación que Jesús comparte con su Padre celestial.

Pero Jesús lleva este término un paso más allá, no solo significa su relación familiar con Dios, sino que también quiere que sus discípulos hagan lo mismo. Cuando oran, les pide que llamen a Dios «Padre», de esta manera pueden compartir la relación íntima con Dios de la misma forma que Jesús lo hace.

¡La maravillosa noticia es que nosotros también podemos! Cuando abrimos nuestros corazones al Espíritu de Jesús, podemos gritar: «Abba». También podemos comenzar a vivir como hijos de Abba, sabiendo que somos profundamente amados, queridos y sostenidos en ese abrazo eterno del cual nunca podemos ser separados.

Práctica diaria

Lleve la palabra «Abba» a todas sus actividades de hoy. Susúrrela a menudo para expresar la intención de su corazón, de estar en contacto con Dios, en medio de todo lo que hace.

Día 12

PAN

«El pan nuestro de cada día, dánoslo hoy».
Mateo 6:11

En la oración que Jesús enseña a sus discípulos, los invita a pedir por el pan de cada día. Esta petición indica nuestra total dependencia en Dios para el sostenimiento de nuestras vidas. Esta frase enfatiza lo que Dios nos provee: Dios nos ofrece lo que realmente necesitamos a diario.

¿Cuáles son esas cosas específicas que honestamente necesitamos en este momento? Pedir estas cosas, es lo que hacen las hijas y los hijos amados cuando se dirigen al que llaman Padre. Simplemente le pedimos a nuestro Padre Celestial lo que necesitamos hoy, o lo que necesitamos ahora.

Por supuesto, cuando oramos de esa manera, también debemos mirar más allá de nosotros mismos y de nuestras propias necesidades. Es imposible orar por nuestro pan de cada día, sin tener conciencia del sufrimiento de aquellos que no tienen alimentos en lo absoluto. El acto de orar por nuestro pan diario nos incentiva a reconocer a nuestro vecino hambriento.

Práctica diaria
Al momento de una comida del día, corte una tajada de pan. Mientras come, dé gracias a Dios con cada respiración porque le provee el alimento.

AGUA

*«Cualquiera que beba de esta agua volverá a tener sed;
14 pero el que beba del agua que yo le daré no tendrá
sed jamás, sino que el agua que yo le daré será en él
una fuente de agua que salte para vida eterna».*
Juan 4:13-14

El agua es una de las imágenes más poderosas que Jesús usa para describirse a sí mismo. Cuando Jesús se llama a sí mismo nuestra «agua viva», quiere decir que él satisface nuestra sed más profunda. Ella no solo sacia nuestra sed, sino que también se convierte en una especie de agua de primavera que burbujea dentro de nosotros, que nos llena con la vida que Dios quiere darnos.

¿De qué estamos sedientos? El teólogo y humanitario Jean Vanier señala que tener sed en el lenguaje bíblico es «secarse por dentro», «sentirse totalmente vacío y angustiado». Tener sed es anhelar el amor, la aceptación y la afirmación. En otras palabras, es tener sed de una conexión de corazón a corazón con el Dios vivo y amoroso.

Jesús invita a quienes tienen sed a venir a él y beber su agua que da vida. Beber de Jesús es recibir su Espíritu en nuestras vidas. El agua que Jesús ofrece hace que nuestras vidas sean nuevas.

Práctica diaria

Cuando beba agua hoy, diga esta oración: «Señor, en mi sed por ti, dame tu agua de vida». Cada sorbo de agua puede servir como un recordatorio del agua viva de Jesús.

Día 14

TIEMPO

«El tiempo se ha cumplido y el reino de Dios se ha acercado».
Marcos 1:15

El Nuevo Testamento griego usa dos palabras para referirse al tiempo: *chronos* y *kairos*. La primera palabra se refiere a la hora del reloj, al tiempo cronológico. Este es el tiempo medido en segundos, minutos, horas, días, semanas, meses y años. Nos referimos a *chronos* cuando le preguntamos a alguien, ¿qué hora es?

La segunda palabra, *kairos*, se refiere al tiempo de Dios, el tiempo en el sentido del destino divino. A menudo Jesús habla del tiempo de esta manera: «El tiempo se ha cumplido». «Mi hora aún no ha llegado». «El tiempo viene cuando [. . .] ». Él ve su vida entera como una vida plena que cumple el destino de Dios, al contemplar el trabajo para el que fue enviado.

Muy frecuentemente vivimos nuestras vidas como determinadas solo por el tiempo *chronos*. Nos olvidamos de la importancia del tiempo *kairos*. Pero, ¿qué significaría para nosotros prestar atención a ambos tipos de tiempo? Quizás nuestro corto tiempo aquí en la tierra estaría lleno de significado eterno.

Práctica diaria

Complete esta oración cada vez que verifique la hora en el día hoy: «En este momento de mi vida es el tiempo de Dios para [. . . .]».

Día 15

PACIFICADOR

«Bienaventurados los pacificadores…».
Mateo 5:9

A pesar de hablar constantemente sobre el valor de la paz, encontramos muy poca paz en este mundo. Tanto nuestras vidas públicas como privadas reflejan nuestra profunda ausencia de paz: ciclos en espiral de violencia, adicciones insanas y tensiones destructivas, que dividen familias, comunidades y países. Somos mucho mejores en amar la idea de la paz, que en hacer de ella una realidad en nuestras vidas.

Entonces, nuestra necesidad de paz clama al cielo como uno de los más profundos anhelos del corazón humano. Buscamos diferentes tipos de paz: la paz de no ser sofocados por la adicción y ansiedad, la paz de estar alejados de la violencia y la división, la paz de la libertad del miedo y la injusticia. Anhelamos el shalom de Dios (paz de Dios) que proclaman los antiguos profetas.

La Cuaresma es un buen momento para la oración de San Francisco:

«Señor, hazme un instrumento de tu paz. Donde haya odio, siembre yo amor; donde haya injuria, perdón». La paz se extiende cuando convertimos esta oración en acciones deliberadas. En ese momento, hacemos la transición de amantes de la paz a pacificadores.

Práctica diaria

Piense en alguien con quien no esté en buenos términos. Pregúntele a Dios: «Señor, ¿cómo puedo ser un pacificador en esta relación?» Busque la guía de Dios para su papel de pacificador.

MUNDO

*«De tal manera amó Dios al mundo, que
ha dado a su Hijo unigénito…».*
Juan 3:16

Algunas veces hacemos del evangelio algo muy pequeño. Lo reducimos a individuos reconciliados con Dios, o incluso a Dios cuando establece una comunidad especial. Pero el trabajo de Dios va más allá de esos actos. El plan de Dios incluye la sanación de todo el mundo.

Los brazos amorosos de Dios rodean el globo terrestre. Abrazan a cada ser humano, nación y cultura. Abrazan a los árboles, las montañas, ríos y a todos los seres vivos. Dios quiere rescatar, restaurar y reconciliar al mundo entero.

Dios nos invita a ser parte de este sueño divino. No podemos hacernos cargo de todas las necesidades y luchas humanas, pero podemos servir a Dios asumiendo una pequeña responsabilidad en la sanación y la reconciliación dondequiera que nuestra vida nos lleva.

Práctica diaria

Hoy, cuando lea el periódico, léalo a través de los ojos de Jesús. Cuando vea las noticias de la noche, pregúntele a Jesús ¿qué rompe su corazón? ¿Qué está poniendo Dios en su corazón sobre el mundo? ¿De qué manera le llama para responder?

TERCER DOMINGO DE CUARESMA

Leer Marcos 8:27-33

«Y vosotros, ¿quién decís que soy?».
Marcos 8:29

A mitad del Evangelio de Marcos, el estado de ánimo cambia de repente. Durante los primeros ocho capítulos, podemos sentir la energía, la emoción, y la acción. Jesús se mueve de pueblo en pueblo proclamando que hay otro tipo de vida, liberando a los esclavizados del mal, curando a los enfermos, alimentando a los hambrientos y calmando tormentas y mares. Jesús lleva el fruto de un ministerio exitoso. Luego, viene un cambio abrupto en la atmósfera. Como Eugene Peterson observa, los últimos ocho capítulos están dominados por el tema de la muerte en lugar del tema de la vida.

Este momento crucial gira en torno a una pregunta directa formulada por Jesús a sus discípulos: «¿Quién dicen que soy yo?» Pocas preguntas son tan importantes. ¿Es Jesús un mito creado por la imaginación de los escritores de los evangelios: algún tipo de figura de superhéroe, capaz de calarse en nuestras vidas y resolverlo todo? ¿Es Jesús un gran maestro humano capaz de realizar milagros? Nuestra respuesta moldeará nuestras vidas, más que las respuestas a cualquier otra pregunta a la que nos hayamos enfrentado.

Inicialmente, cuando Jesús hace esta pregunta, Pedro se precipita a decir: «Tú eres el Mesías». Esta respuesta, en esta etapa del Evangelio de Marcos, no es un anuncio de que Jesús es divino, o que es la segunda parte de la Trinidad de Dios. Esta comprensión total de Jesús vendrá después. Lo que Pedro declara aquí, es que Jesús es en efecto el «Elegido» por quién su pueblo ha esperado tanto tiempo, el verdadero servidor, el rey que marcará el comienzo del reinado de Dios tanto para Israel como para el mundo. Lo que Pedro no sabía, es que su declaración le daría un giro completo a su vida desde ese momento.

Ahora es nuestro momento para luchar con esta pregunta. ¿Quién decimos que es Jesús? ¿Estamos dispuestos, como Pedro, a afirmar que es el «Elegido» por quien nuestros corazones también anhelan? ¿También lo reconoceremos como el «Único» que puede sanar y potenciar la condición humana? Y, ¿nos atreveremos a permitirle cambiar nuestra comprensión de lo que significa seguirlo hoy? Podemos estar seguros que si lo llamamos Cristo y aceptamos su camino de muerte y resurrección para nuestra vida, también le dará un giro completo a nuestras vidas.

TESORO

*«...porque donde esté vuestro tesoro, allí
estará también vuestro corazón».*
Mateo 6:21

Cada uno de nosotros tiene tesoros. En la niñez, nuestros tesoros podrían haber sido un juguete especial, un animal de peluche o una manta. Como adultos, seguimos teniendo tesoros. Pero ahora podrían ser una cuenta bancaria, un automóvil o una casa.

Jesús enseña que podemos almacenar tesoros en la tierra o en el cielo. Los tesoros de la tierra desaparecen. En la tierra, «las polillas se los comen y el óxido los destruye, y donde los ladrones entran y roban» (Mateo 6:19). O, podríamos decir que la tierra es donde los mercados de valores caen, los archivos de computadoras se corrompen, los accidentes causan daños.

Por otro lado, los tesoros del cielo son eternos. Invertimos en tesoros celestiales cuando invertimos en el trabajo que Dios hace en las vidas de los demás y en el cuidado de todas las cosas creadas.

Práctica diaria

Como un signo de su intención de invertir en los tesoros del cielo, no haga compras hoy. En cambio, utilice el tiempo que habría invertido en las tiendas, en hacer algo especial para alguien. Sea reflexivo o reflexiva e intencional acerca de servir a los demás.

ESCUCHAR

«...todo hombre sea pronto para oír, tardo para hablar...».
Santiago 1:19

El teólogo y mártir alemán Dietrich Bonhoeffer una vez escribió: «Mucha personas buscan un oído que las escuche. No lo encuentran entre los cristianos, porque estos cristianos hablan cuando deberían escuchar».

Escuchar está en el corazón de la vida con Dios. Pero para poder escuchar a Dios, tenemos que aprender a escuchar a la persona que está a nuestro lado. Después de todo, ¿cómo podemos escuchar a Dios, a quien no podemos ver, si no somos capaces de escuchar a la persona que podemos ver?

La Cuaresma puede ser un momento en el que emprendemos una aventura espiritual para aprender a escuchar. Podemos comenzar este ejercicio con las personas más cercanas para nosotros: nuestros colegas en el trabajo, familiares o amigos. Escuchar se convertirá en una práctica espiritual, un hábito cotidiano, un estilo de vida.

Práctica diaria

Pídale a Dios hoy el don de escuchar. Durante todo el día recuerde la invitación de Santiago a ser rápido para escuchar y lento para hablar. Haga un esfuerzo consciente en cada conversación para escuchar más de lo que usualmente hace.

POBRE

«...me ha ungido para dar buenas nuevas a los pobres...».
Lucas 4:18

La palabra *pobre* aparece muchas veces en la Biblia. A través del Antiguo Testamento, los pobres tienen un lugar especial en el corazón de Dios. En los Salmos, Dios rescata a los pobres, los defiende y escucha su llanto. No sorprende que Jesús coloca el compartir las buenas nuevas con los pobres, en la cima de sus prioridades para el ministerio.

El sufrimiento devastador de la pobreza hace llorar a Dios. Compartir el dolor de Dios significa que actuamos de cualquier manera que podamos para cerrar la brecha entre ricos y pobres. De esta manera, podemos encarnar las buenas nuevas de Jesús para los pobres.

La Cuaresma nos desafía a examinar cómo nos relacionamos con aquellos que están en la pobreza. Podemos preguntarnos: ¿A quién conozco personalmente que sufre en la pobreza? ¿Qué puedo aprender de los pobres? y ¿Cómo me está llamando Dios para ayudar con los esfuerzos destinados a aliviar pobreza? Preguntas como estas nos llevan a ser más fieles a Dios, cuyo corazón siempre se vuelve hacia los pobres.

Práctica diaria

Como una demostración de su deseo de compartir el corazón de Dios con los pobres, haga una pequeña donación hoy a un organismo no gubernamental (ONG) que trabaje por los que son pobres económicamente.

PERDÓN

«Hombre, tus pecados te son perdonados».
Lucas 5:20

Nuestros pecados más graves ocurren cuando dejamos de amar. Decepcionamos a los demás: los lastimamos, ofendemos, somos insensibles a sus necesidades. Con todas estas faltas, y muchas más, nos comportamos de maneras no amorosas que rompen el corazón de Dios. Cuando hemos pecado, podemos pedirle perdón a Dios.

La buena noticia es que Dios está más ansioso por perdonarnos de lo que podríamos imaginar. Dios está siempre allí para abrazarnos, recibirnos en casa otra vez, y permitirnos comenzar de nuevo. Esto lo vemos con claridad en la forma como Jesús constantemente perdona a los que le rodean y a los que han fallado.

Una razón por la que luchamos para perdonar a los demás es porque no creemos que hemos sido realmente perdonados. Si pudiéramos aceptar completamente la verdad que somos perdonados, y no tenemos que vivir con vergüenza y culpa, conoceríamos la libertad de perdonar. Como personas que han sido perdonadas, nosotros poseemos el poder del perdón.

Práctica diaria

Dedique hoy un tiempo para arrodillarse en la presencia de Dios. Comparta sus faltas tan honestamente como pueda con Dios. Escuche las palabras de Jesús: «Tus pecados te son perdonados». Reciba este perdón y entre en la nueva vida que Dios le ofrece. Si necesita hacer las paces con alguien, comprométase a hacerlo tan pronto como sea posible.

PAZ

«La paz os dejo, mi paz os doy... ».
Juan 14:27

Experimentamos dos tipos diferentes de paz. Una es la paz que el mundo nos da. Esta se refiere a esos sentimientos fugaces de satisfacción cuando todo en la vida va bien. Experimentamos una sensación placentera de bienestar. No hay nada de malo con este tipo de paz, pero todos sabemos que puede pasar muy rápido.

El otro tipo de paz es la que Dios nos ofrece. Es una paz duradera, que no puede ser separada de nosotros. No depende de si nuestras vidas funcionan tranquilamente. La paz de Dios provee una seguridad interior de que, en última instancia, todo estará bien. Esta paz ocurre en la presencia, no en la ausencia, de la conmoción.

Observamos el ejemplo más obvio de la paz de Dios en la vida de Jesús. Durante la mayor parte de la vida de Jesús, las probabilidades estaban en contra de él. Puesto a prueba, tentado y burlado, Jesús mantuvo una serenidad interior a través de todas estas circunstancias. Él sabía instintivamente que, por su completa confianza en Dios, todo estaría bien, incluso cuando las circunstancias no eran las más favorables. Esta es la paz que Dios nos ofrece.

Práctica diaria

Encuentre un lugar tranquilo hoy y escuche estas palabras de Cristo para su vida, sin importar las circunstancias actuales: «La paz te dejo; mi paz te doy». Reciba esta paz para que pueda revelarla a quienes le rodean.

DESCANSO

*«Vengan a mí todos ustedes que están cansados
y agobiados, y yo les daré descanso».*
Mateo 11:28 (NVI)

La mayoría de nosotros sabe lo que significa sentirse fatigado. El agotamiento nos acecha cuando trabajamos demasiado, nos levantamos demasiado temprano, y vamos a la cama demasiado tarde, cuando tratamos de equilibrar demasiados compromisos, o cuando las relaciones personales causan conflicto y dolor. Llega cuando presionamos nuestra vida más allá de nuestros límites físicos, emocionales y espirituales.

En medio de nuestro ajetreo diario, Jesús quiere obsequiarnos reposo. Él sabe la importancia que Dios le da al descanso. Después de todo, Dios no solo muestra el descanso en la historia de la creación, sino que, también nos exige que descansemos.

El descanso tiene diferentes componentes. Además de parar de trabajar y aprender a relajarse, también incluye dormir lo suficiente. Cuando hacemos esto, nos damos cuenta que vivimos más alegres, somos más creativos o creativas, y nuestras vidas son más fructíferas. Cuando no lo hacemos, el agotamiento se apodera de nosotros y trae fracasos en muchas de las áreas de nuestras vidas cansadas.

Práctica diaria

Memorice el versículo de hoy y repítalo a medida que realiza su trabajo diario. Vaya a dormir a una hora razonable y reciba el descanso de la noche como un regalo de Dios.

CUARTO DOMINGO DE CUARESMA

Leer Marcos 9:2-10

Seis días después, Jesús tomó a Pedro, a Jacobo y a Juan, y los llevó aparte solos a un monte alto. Allí se transfiguró delante de ellos. Sus vestidos se volvieron resplandecientes, muy blancos...
Marcos 9:2-3

Los detalles de la Transfiguración son sencillos y asombrosos. Jesús y tres de sus discípulos subieron a una montaña para orar. Cuando Jesús se encontraba en oración, su apariencia cambió. Se volvió visiblemente radiante, como si la luz del cielo saliera él. Entonces, dos antiguos figuras bíblicas, Moisés y Elías, aparecen y hablan con él. Finalmente, una nube los cubrió y los discípulos se asustaron. Una voz salió de la nube y dijo: «Este es mi Hijo muy amado. Escúchenlo a él» (v. 7). Entonces, de repente, los discípulos se encontraron otra vez a solas con Jesús.

Esta experiencia enfatiza dos verdades esenciales para nuestro viaje en el reino de Dios. Primero, como seguidores de Cristo, necesitamos experiencias sublimes para mantener nuestro discipulado fresco, vital, y vivo. El reino eterno, la dimensión oculta de la presencia transformadora de Dios penetra nuestra realidad terrenal y está siempre disponible para nosotros. Necesitamos abrirnos regularmente a esta realidad divina, para que nuestras vidas también brillen con la presencia y el poder de Dios. Si nunca hemos experimentado un encuentro como este, es posible, que deseemos reexaminar esas prácticas espirituales de soledad, oración y adoración que abren nuestras vidas hacia estas experiencias.

En segundo lugar, la Transfiguración nos recuerda que las experiencias como la de la cima de la montaña no tienen en sí mismas una finalidad. Su importancia radica en hacia dónde nos guían. Inmediatamente después de que Jesús se transfiguró, bajó de la cima de la montaña al valle de la necesidad y del sufrimiento humano y llevó sanación a un niño que sufría de convulsiones. En ese momento él traduce su experiencia espiritual en acción compasiva. Para Jesús, bajar de la montaña es tan importante como subir la montaña.

Tomemos el tiempo para reflexionar sobre esta verdad. Como seguidores de Jesús, estamos invitados a traer la luz de nuestras experiencias sublimes a la oscuridad de nuestro mundo lleno de dolor. A veces, no queremos ver el dolor y la miseria que nos rodea: en casa, en el trabajo, entre nuestros vecinos y amigos. Después de todo, vivimos en una cultura que trabaja para evadir o ignorar el sufrimiento de los demás. Pero, tenemos que tener una posición firme en contra de esta concepción cultural. En lugar de evitarlos, necesitamos involucrar intencionalmente a los que sufren. Podemos comenzar esta Cuaresma involucrándonos con aquellos que sufren y ofreciéndoles el brillo sanador de la presencia de Dios.

LLANTO

Jesús lloró
Juan 11:35 (NVI)

Cada uno de nosotros nos hemos sentado junto a charcos de nuestras propias lágrimas. Cada uno de ellos es diferente. Algunos han sido causados por lo que nos han hecho, otros son el resultado de nuestras propias acciones. Estos charcos nos recuerdan el dolor y las pérdidas que hemos sufrido a lo largo de nuestras vidas.

Jesús nos concede el regalo de sus propias lágrimas. Sus lágrimas nos recuerdan que Dios llora con nosotros, se aflige con nosotros y sufre con nosotros. Aquellos que hacen el viaje cuaresmal en la compañía íntima de Jesús, descubren que sus lágrimas representan la empatía de Dios.

Consideremos nuestros propios charcos de lágrimas: Ellos pueden ser causados por la muerte de un ser querido, el dolor de un divorcio, el abuso de un niño, el anhelo insatisfecho de una pareja íntima, la pérdida de un trabajo o el rechazo de un amigo cercano. Cualquiera que sea la razón, en este estanque de lágrimas es donde Cristo quiere encontrarse con nosotros durante la temporada de la Cuaresma.

Práctica diaria

Tómese un tiempo hoy para estar a solas con el Señor. Comparta en voz alta su charco de lágrimas y escuche lo que Dios le responde.

SINO

«...todo aquel que en él cree no se pierda,
sino que tenga vida eterna».
Juan 3:16

El versículo del Evangelio de Juan nos recuerda que una palabra no necesita ser larga para ser importante. «Sino», es una palabra muy corta, sin embargo, es esencial para captar el mensaje de esperanza del Viernes Santo y Domingo de Pascua. De hecho, prácticamente resume lo que significan estos dos días.

Dios sabe que hay un lado del Viernes Santo en la vida. Nosotros pecamos, nos lastimamos unos a otros, y morimos: si el fracaso y la pobre realidad en la que vivimos fueran las únicas partes de la vida, y si el pecado y la muerte tuvieran la última palabra, la vida sería terriblemente desesperante y lúgubre.

También experimentamos el lado de la Pascua en la vida humana. Dios no nos abandona en la dificultad. El cuidado de Dios para nosotros es tan grande, que se presenta en Jesucristo, entonces aquellos que creen en él no perecerán, «sino» que compartirán la vida eterna que Dios da.

Práctica diaria

Cada vez que use hoy la palabra «sino» en una oración, recuerde el regalo de amor y de vida eterna que Dios nos da.

CAMINO

«Yo soy el camino…».
Juan 14:6

La Cuaresma nos brinda la oportunidad de encontrar nuestro camino nuevamente. Todos los días utilizamos caminos, pasillos, autopistas, entradas de vehículos y carreteras cuando queremos ir a algún lugar, pero incluso con estos senderos como nuestros guías, podemos perdernos.

Hace dos mil años, cuando Jesús vino a nuestro mundo, se ofreció a la humanidad perdida como "el camino". Solo unos pocos años más tarde, los primeros seguidores de Jesús comenzaron a llamarse a sí mismos «Gente del Camino». (Véase Hechos 9:2). Cuando seguimos a Jesús, iniciamos un viaje de por vida en su compañía.

La Cuaresma anima a aquellos de nosotros que nos sentimos perdidos, para situar nuestras vidas de nuevo sobre el camino. Nos dirige hacia Cristo quien nos halla donde estemos, nos ofrece su vida como el camino, y nos invita a seguir adelante.

Práctica diaria

Dondequiera que vaya hoy para caminar, correr, practicar ciclismo, o conducir, afirme que usted es un seguidor o seguidora de Cristo: Usted es una persona del Camino. ¿Qué significa para usted caminar en compañía de Jesús?

LIBRE

*«Si vosotros permanecéis en mi palabra, seréis verdaderamente
mis discípulos; y conoceréis la verdad y la verdad os hará libres».*
Juan 8:31-32

Uno de los grandes himnos que Charles Wesley escribió durante
el despertar evangélico del siglo XVIII en Inglaterra contiene
esta línea: «Mis cadenas cayeron, mi corazón estaba libre, me
levanté, caminé, y te seguí». Estas palabras nos permiten visuali-
zar la libertad absoluta que Jesús promete a sus seguidores.

Cristo nos libera de esas cadenas que mantienen nuestras
vidas en cautiverio: las cadenas del miedo, la adicción y el mal, de
las cuales buscamos ser liberados. Cristo también nos libera para
una nueva vida de discipulado, obediencia y aventura. Somos
libres para amar, alabar y servir a Dios con todo nuestro ser.

Cuando seguimos a Cristo, él nos libera de nuestros grille-
tes para convertirnos en la gente que Dios quiere que seamos.
¡Esta es la gloriosa libertad ofrecida a los hijos de Dios!

Práctica diaria

Considere esta pregunta hoy: ¿qué adicciones y apegos, no saludables, me impiden experimentar la libertad de Cristo?

PECADO

Si decimos que no tenemos pecado, nos engañamos a
nosotros mismos y la verdad no está en nosotros.
1 Juan 1:8

«Pecado» es una palabra de seis letras que no nos gusta usar hoy en día. Hace muchos años, un psiquiatra llamado Karl Menninger escribió un libro titulado *¿Qué se convierte en pecado?*. El libro subrayó la importancia de redescubrir el pecado como un concepto que ayuda a explicar el desastre que hemos hecho de nuestro mundo y nuestras relaciones.

El pecado, entendido bíblicamente, es rebelión contra Dios. Generalmente esta rebelión toma la forma de nuestro rechazo al amor. Nosotros preferimos seguir el camino del egoísmo y el egocentrismo. Los resultados de esta trágica rebelión se encuentran alrededor en nuestras relaciones rotas, comunidades arruinadas y naciones desechas.

La Cuaresma brinda una oportunidad maravillosa para dejar que el amor desinteresado y el amor centrado que llevaron a Jesús a la cruz, fluyan más libremente a través de nuestras vidas. De esta manera, nuestras vidas rotas rebosaran de amor hacia Dios y nuestro prójimo.

Práctica diaria

Una forma práctica para que el amor de Cristo fluya a través de usted es perdonar a alguien que le ha lastimado. Piense en una persona hoy a quien necesite perdonar. ¿Cómo puede demostrarle el amor de Cristo a esta persona?

ENEMIGOS

*«Pero yo os digo: Amad a vuestros enemigos [...] y orad
por los que os ultrajan y os persiguen, para que seáis
hijos de vuestro Padre que está en los cielos...».*
Mateo 5:44-45

Todos tenemos enemigos. A veces no nos gusta admitirlo. Queremos pensar que amamos a todos y que todos nos aman, pero eso es muy poco probable. ¡A veces estos enemigos aparecen incluso en nuestro círculo familiar!

Uno de los desafíos más difíciles para un seguidor de Cristo es amar a sus enemigos. Jesús no solo hace esto, sino que también quiere que nosotros hagamos lo mismo. Obviamente, Jesús cree que hay poco crecimiento espiritual hasta que comencemos a amar a aquellos a quienes consideramos enemigos.

A menudo, el primer paso para amar a los enemigos es orar por ellos. Orar por nuestros enemigos nos desanima a decir o hacer algo desagradable a aquellos que no nos agradan. La oración también tiene el poder de cambiar nuestras actitudes. Tal vez esta es la razón por la que Jesús pide específicamente a sus discípulos que oren por sus enemigos.

Práctica diaria

Elija hoy a alguien con quien no está en buenos términos. Tómese unos minutos para orar específicamente por la bendición de Dios sobre la vida de esta persona.

QUINTO DOMINGO DE CUARESMA

Leer Marcos 10:32-45

*«...el que quiera hacerse grande entre vosotros,
será vuestro servidor; y el que de vosotros quiera
ser el primero, será siervo de todos...».*
Marcos 10:43-44

Cuando Jesús enseña a sus discípulos sobre lo que significa ser su seguidor, redefine el significado de la verdadera grandeza. Vemos esto en nuestra lectura de hoy: Cuando Santiago y Juan le preguntan a Jesús si pueden sentarse a su lado cuando llegue la bienaventuranza, les cambió totalmente la idea sobre la grandeza humana. Él les dice que no saben lo que están pidiendo. Jesús les explica que aquellos que son considerados grandes según los estándares del mundo, tienen poder sobre los demás. Sin embargo, para sus seguidores, la perspectiva debe ser totalmente diferente. Aquellos que son realmente grandes en el reino de Dios sirven a los demás.

A los discípulos se les dificulta captar el punto de vista de Jesús sobre la grandeza; a nosotros también. Nuestra sociedad nos bombardea con mensajes completamente opuestos: aquellos considerados grandes son personas con poder, gente que está continuamente en la mira del público, personas a los que otros les sirven. Pero el camino de Jesús, como hemos visto, es radicalmente diferente. Jesús nos anima a servir a otros sin tomar crédito y elegir el último lugar de la fila. Parece una locura, así que murmuramos en voz baja: ¿Por qué deberíamos siquiera considerar la posibilidad de hacer esto?

El motivo es claro. Viajamos por este camino porque es el camino de Jesús al reino de los cielos. Si queremos experimentar la vida que Dios hace posible, debemos tomar este camino de servicio. Nosotros debemos aprender a renunciar al derecho a estar a cargo, ser el jefe, dar las órdenes. Por el contrario, en el camino de Jesús, buscamos descubrir cómo estar disponibles para los demás, bendecir a los que están cerca de nosotros, ser sensibles a las necesidades en nuestro medio. En el proceso, llegamos a experimentar el regalo de otro tipo de vida, una vida de alegre libertad y transformación progresiva, una vida en el reino de Dios.

Cada uno de nosotros necesita explorar lo que significan las instrucciones de Jesús para nuestras vidas. Sin duda, significarán unirse a quienes nuestra sociedad no considera importantes: los indigentes, los desahuciados, los ancianos, los que no pueden valerse por sí mismos, los enfermos, las víctimas, y aprender la mejor manera de servirles.

SERVIR

*«... el Hijo del hombre, que no vino para
ser servido, sino para servir…».*
Mateo 20:28

Jesús llama a sus seguidores a ser siervos. Cuando abrimos nuestras vidas a él, su Espíritu siempre nos guiará a la posición y la postura de servicio. Servir a los demás es la insignia del discipulado genuino.

El mismo Jesús da ejemplo de servicio cuando lava los pies sucios de sus discípulos. A través de este acto, Jesús muestra a los discípulos un patrón a seguir. Les dice: «Les di mi ejemplo para que lo sigan. Hagan lo mismo que yo he hecho con ustedes» (Juan 13:15). No hay duda sobre las palabras de Jesús. Ellas son claras, directas, y nos invitan a dar repuesta.

Servir a los demás de la manera que Jesús quiere que lo hagamos, puede hacerse de muchas formas diferentes: ofrecer un paseo, sacar tiempo para escuchar a un amigo o amiga, compañero o compañera de trabajo, cuidar los niños de un padre soltero o de una madre soltera, sacar la basura, lavar los platos, etc. Estos actos pueden parecer pequeños, pero en realidad, ¡pueden impactar muy positivamente a las personas a quienes servimos!

Práctica diaria

Experimente durante todo el día con esta oración: «Señor, por favor, trae hoy a mi camino a alguien a quien pueda servir».

RIQUEZA

«No se puede servir a la vez a Dios y a las riquezas».
Mateo 6:24 (NVI)

El dinero es un tema delicado para discutir. A pesar de que representa una parte enorme en nuestra vida personal y social, nos resulta difícil hablar abiertamente acerca de cómo nuestra fe se relaciona con nuestro dinero. De hecho, muchos de nosotros nos encontramos atrapados en obsesiones financieras secretas y ocultas.

En contraste con nuestra desconfianza y reserva, Jesús habla abiertamente sobre el dinero y las posesiones. Su mensaje transmite dos aspectos: Él advierte firmemente sobre los peligros espirituales de hacer del dinero nuestro dios y, también deja en claro que el uso inteligente de nuestras posesiones materiales puede intensificar nuestra relación con Dios.

Jesús nos desafía a destronar al dinero como rival de Dios. Martin Lutero una vez dijo: «Hay tres transformaciones necesarias: la transformación del corazón, la mente y el bolso». De estas tres, la última transformación es la más difícil.

Práctica diaria
Para expresar sus intenciones de destronar el dinero y poner a Dios primero en su vida, bendiga a alguien hoy con un regalo un regalo monetario anónimo.

CUERPO

¿O ignoráis que vuestro cuerpo es templo del Espíritu Santo,
el cual está en vosotros, el cual habéis recibido de Dios...».
1 Corintios 6:19

Nuestros cuerpos se encuentran en el centro de nuestra vida espiritual. Esto puede sonar extraño, pero es verdad. Somos seres encarnados en nuestra propia naturaleza; experimentamos el mundo a través de nuestros cuerpos.

Esta es la razón por la cual Dios vino a la tierra como humano, como Jesús, y no como un ángel. Dios vino como un ser humano con un cuerpo real como el nuestro. A través de Jesús vemos el misterio de la Encarnación: La Palabra se hizo carne y habitó entre nosotros.

Hoy, a través de su Espíritu, el Señor Jesús quiere morar dentro de nuestros cuerpos. Pero él solo puede hacer esto cuando los ofrecemos como sacrificios vivos a Dios. Esta entrega total de cada parte de nosotros mismos a Dios, renueva nuestras mentes y transforma nuestros espíritus.

Práctica diaria

Acuéstese boca abajo o boca arriba. Entregue su cuerpo a Dios de manera explícita e intencional. Tómese el tiempo necesario para ir por cada parte y ofrézcaselas a Dios.

TENTACIÓN

Porque no tenemos un sumo sacerdote incapaz de compadecerse de nuestras debilidades, sino uno que ha sido tentado en todo de la misma manera que nosotros, aunque sin pecado.
Hebreos 4:15 (NVI)

Somos seres humanos en tentación. Cada día trae consigo tentaciones y malas influencias que intentan destruir nuestra relación con Dios. Estas tentaciones toman la forma de pensamientos que nos alejan del camino amoroso de Cristo.

La Escritura nos consuela con el conocimiento de que Jesús ha sido tentado en todos los sentidos, al igual que nosotros, sin embargo, no ha pecado. Jesús nos recuerda que la tentación en sí misma no es un pecado. Ni lo sorprende, ya que él la ha experimentado.

Como lo hizo Jesús en el desierto, tenemos que enfrentar nuestras tentaciones, llamarlas por su nombre y compartirlas con el Elegido. Solo él puede ayudarnos a superarlas.

Práctica diaria

Tome diez minutos hoy para crear su propia «experiencia en el desierto»: permanezca a solas con Dios y preséntele esas tentaciones con lo que está luchando actualmente. Reciba la gracia que Dios le ofrece al enfrentarlas.

O R A R

Aconteció que estaba Jesús orando en un lugar y,
cuando terminó, uno de sus discípulos le dijo:
—Señor, enséñanos a orar, como también
Juan enseñó a sus discípulos.
Lucas 11:1

Muchas personas anhelan una relación interactiva de primera mano con Dios. Carecen de un sentido vital de lo eterno en sus vidas, quieren saber cómo comunicarse con Dios. En otras palabras, quieren aprender a orar.

Los primeros discípulos también querían aprender a orar, entonces le pidieron a Jesús que les enseñara. Es de destacar que, ¡fue la única vez que le pidieron que les enseñara algo! Cuando hicieron esta petición, Jesús les enseñó la oración que llamamos el Padrenuestro (véase Lucas 11:2-4).

Podemos pasar toda la vida tratando de aprender cómo hacer esta oración de la forma que Jesús nos enseña. Muchos asumen que si solo decimos las palabras, entonces estamos en oración. Pero esto está lejos de la realidad. Estas palabras necesitan ser interiorizadas, vividas, meditadas, y también habladas. Si estamos interesados en aprender a orar, la Cuaresma es un buen momento para empezar.

Práctica diaria

Medite hoy en el Padrenuestro. Recite lentamente cada línea y considere el significado que ellas tienen para su vida.

VOLUNTAD

«Pero no sea lo que yo quiero, sino lo que quieres tú».
Mateo 26:39 (NVI)

Uno de los obsequios más especiales que se nos otorga es la voluntad. Cada uno de nosotros es relativamente libre de tomar diferentes decisiones, para lograr hacer cosas que sin voluntad no sucederían y, para hacer el bien o el mal. Así de trascendental es nuestra voluntad.

Dios también tiene un deseo para nuestras vidas. El núcleo de nuestro viaje como seguidores de Cristo, radica en aprender a rendir nuestras voluntades a la voluntad de Dios. Jesús nos muestra esta rendición en el versículo anterior, y nos invita a hacer lo mismo. En su vida terrenal, Jesús ejemplificó lo que es la lealtad total e incondicional a la voluntad de Dios.

Rendir nuestra voluntad ante Dios no significa que no tenemos voluntad propia. Tampoco la rendición de nuestra voluntad equivale a resignación o pasividad. Más bien significa que nuestro deseo más profundo es discernir, seguir y actuar de acuerdo con lo que Dios quiere para nuestras vidas. Aprender a hacer esto es una aventura para toda la vida.

Práctica diaria

Como una expresión de su deseo de elegir la voluntad de Dios para su vida, siéntese tranquilamente en la presencia de Dios, apriete los puños con fuerza, y luego ábralos lentamente al Señor.

DOMINGO DE RAMOS

Leer Marcos 11:1-11

«¡Hosana! ¡Bendito el que viene en el nombre del Señor!».
Marcos 11:9

Habrá momentos en nuestras vidas como seguidores y seguidoras de Jesús, en los que necesitemos asumir una posición. Estas posiciones pueden implicar ser firmes con la fidelidad en nuestras relaciones personales, ser honestos en nuestros negocios y tratos, o actuar con integridad en asuntos de moralidad. En un espacio público más amplio, podría significar enfrentar problemas sobre la desigualdad entre los que tienen y los que no tienen, desigualdad racial y de género, o problemas de violencia e injusticia. En estas áreas y en muchas más, podemos discernir qué respuesta expresará nuestra mejor decisión y después actuar.

Esto es lo que Jesús hace ese primer Domingo de Ramos. Toma la decisión de entrar a Jerusalén. Ofrece testimonio del reino de Dios allí en la ciudad santa. Entra a la ciudad de una manera que nadie pueda ignorarlo. Él asume el papel del Mesías, el papel predicho por el profeta Zacarías en el Antiguo Testamento. Llega humilde y vulnerable, montando en un potro. Así es como Jesús asume su posición, cualesquiera que sean las consecuencias. Él sabe que mientras lo hace no está solo.

Cuando Jesús cabalga en Jerusalén en medio de la muchedumbre que lo anima, lleva en efecto un mensaje: «Represento el reino de Dios. Incluso si soy destruido, seré fiel a Dios y a mí mismo». No puede ignorar las enormes fuerzas del mal que lo rodean. Sabe que tiene que enfrentar el mal en el templo y en el mundo, no importa lo que le suceda a él personalmente. Si no lo hace, fracasará en su llamado a ser el Mesías de Dios tanto para Israel como para el mundo. En ese momento toma el primer paso esencial en su acción final para salvar a toda la humanidad.

Los seguidores de Jesús buscan vivir sus vidas como Jesús lo haría. La cuaresma es un buen momento para que identifiquemos esos aspectos que a Jesús le gustaría que enfrentemos, tanto en nosotros mismos como a nuestro alrededor. Jesús decide ese primer Domingo de Ramos, tomar una posición por sus más profundas convicciones. ¿Nosotros haríamos lo mismo? Necesitaremos una combinación de coraje y fe, pero sabemos que no estamos solos. Dios está con nosotros.

JUZGAR

«No juzguéis, para que no seáis juzgados...».
Mateo 7:1

Tenemos la tendencia de juzgar constantemente a los demás. Usualmente, juzgamos por los mismos defectos que nosotros tenemos. Antes que enfrentar estos aspectos en nuestras propias vidas, preferimos verlos en los que están a nuestro alrededor.

Jesús aborda nuestros hábitos acerca de emitir juicios en el Evangelio de Mateo al decir: «¿Y por qué te preocupas por la astilla en el ojo de tu amigo cuando tú tienes un tronco en el tuyo?» (V. 7:3). Jesús explica que primero debemos sacar la viga de nuestro propio ojo, y entonces podremos ver más claramente la mancha en el ojo de otra persona.

La Cuaresma puede ser un momento para confrontar las vigas en nuestros propios ojos, para nombrar nuestros defectos y pedir al Señor que nos ayude a eliminarlos. Algo hermoso sucede cuando hacemos esto: nos volvemos menos críticos, más amables y comprendemos mejor las luchas que otros enfrentan. En otras palabras, nos volvemos compasivos.

Práctica diaria

Escriba el nombre de uno de sus defectos que a menudo juzga en las vidas de quienes lo rodean. Sea tan honesto u honesta como pueda. Pídale a Dios la gracia y la misericordia para eliminar esta viga de sus ojos y profundizar su compasión por otros que también luchan con ese defecto.

EXTRANJERO

«...fui forastero y me recogisteis...».
Mateo 25:35

Muchas personas en este mundo se sienten como extranjeras. Podemos experimentar este sentimiento si estamos en situaciones donde no tenemos conexiones genuinas con otras personas. Esta sensación de desconexión puede suceder en nuestros lugares de trabajo, nuestras iglesias e incluso en nuestras casas.

De forma significativa, Jesús y los escritores del Nuevo Testamento enfatizan acerca de dar la bienvenida al forastero. El escritor de Hebreos afirma que cuando mostramos hospitalidad a los extranjeros, podemos hospedar ángeles sin darnos cuentas. (Véase Hebreos 13:2). No solo se nos alienta a hacer que los extraños a nuestro alrededor se sientan como en casa, sino que también nos recuerda que Cristo se acerca a nosotros cuando brindamos hospitalidad al forastero.

Dar la bienvenida a forasteros es un componente básico del discipulado. Reconocerlo nos hace más conscientes de los dos aspectos: que hay extranjeros a nuestro alrededor y también nos motiva a acercarnos y darles la bienvenida.

Práctica diaria

A medida que avanza el día, busque un extranjero en su medio: un nuevo colega en el trabajo, un visitante en la iglesia, la persona que se mudó a su calle. Tome la iniciativa de darle la mano y saludarle y muestre interés por esta persona.

TRAICIÓN

«De cierto os digo que uno de vosotros me va a entregar».
Mateo 26:21

Pocas experiencias pueden ser más dolorosas que la traición. Muchos de nosotros hemos enfrentado la traición en nuestras propias vidas: cuando su pareja es infiel, un amigo cercano rompe la confidencialidad, un socio nos engaña. Tales actos de traición hieren dolorosamente nuestras almas, lo que provoca ira y odio.

Durante esa semana profana que conduce a la crucifixión, Jesús también experimenta la traición. Pedro lo niega. Judas lo besa en la frente. Sus otros amigos lo abandonan. Debido a estas traiciones, Jesús es capturado por sus enemigos. A partir de ese momento, Jesús entra en su pasión y cumple fielmente su llamado como el rey sufriente y servidor.

¿Podrían las traiciones que recibimos también convertirse en oportunidades para vivir más apasionadamente nuestro llamado como seguidores del Crucificado? ¿Qué significaría para nosotros, en esta Cuaresma, ir más allá de nuestra ira y odio hacia aquellos que nos han traicionado?

Práctica diaria

Llleve hoy el dolor de sus traiciones a Dios. ¿Cómo le llama Dios a vivir con ellas? Haga un compromiso solemne de que siempre buscará ser fiel a las promesas que ha hecho.

PODAR

«Todo pámpano que en mí no lleva fruto, lo quitará; y todo aquel que lleva fruto, lo limpiará, para que lleve más fruto».
Juan 15:2

La poda ayuda a los árboles a dar frutos saludables. No hace que se vean más hermosos, pero los hace más fructíferos. Las ramas innecesarias deben podarse, cortarse, para que el árbol produzca todas las frutas que pueda.

En su impactante imagen de la vid y las ramas, Jesús habla de cómo nuestras vidas deben ser podadas por Dios. Esas partes de nuestras vidas que nos llevan a resistirnos a andar el camino del amor de Jesús, tienen que ser cortadas. Esta poda se realiza directamente por el viñador, el Padre, que corta las ramas.

La poda usualmente ocurre cuando experimentamos dificultades y humillaciones. En tiempos difíciles, tenemos el desafío de reconocer la mano podadora de Dios. Solo entonces aceptaremos el trabajo de limpieza de Dios en nuestras vidas en lugar de resistirlo.

Práctica diaria

Pídale a Dios que le revele cómo usted expresa en sus relaciones el egoísmo y el egocentrismo. Ore a Dios para que gentilmente pode de usted su resistencia al amor.

GETSEMANÍ

*Entonces llegó Jesús con ellos a un lugar que se
llama Getsemaní, y dijo a sus discípulos:
—Sentaos aquí, entre tanto que voy allí y oro.*
Mateo 26:36

Todos tenemos momentos como el de Jesús en Getsemaní. Quizás nos encontramos en algún tipo de crisis, o nos resistimos a lo que Dios quiere que hagamos, o enfrentamos el diagnóstico de una enfermedad grave. Cualquiera que sea este Getsemaní personal, tiene la forma de desafiar nuestra confianza en Dios.

Para Jesús, su tiempo en el Jardín de Getsemaní es un momento de oración solitaria antes de su crucifixión. Es en Getsemaní que él entrega su vida a Dios. Es ahí donde coloca su rostro en la tierra y ora: «¡Padre mío! Si es posible, que pase de mí esta copa de sufrimiento. Sin embargo, quiero que se haga tu voluntad, no la mía» (Mateo 26:39).

Permitamos que nuestro propio Getsemaní se convierta en oportunidad para renovar nuestra confianza en el propósito de Dios para nuestra vida.

Práctica diaria

Antes de ir a dormir esta noche, haga lentamente la señal de la cruz sobre su cuerpo, como un signo exterior de la intención de su corazón de rendir su oración ante la voluntad de Jesús, durante su Momento de Getsemaní.

MORIR

«De cierto, de cierto os digo que si el grano de trigo que cae en la tierra no muere, queda solo, pero si muere, lleva mucho fruto».
Juan 12:24

En el versículo anterior, Jesús habla principalmente de su propia muerte. Al principio, su muerte aparecerá como una tragedia, pero al final será un triunfo. Su muerte será la victoria final del poder de la resurrección de Dios sobre las fuerzas del mal, el pecado y la muerte.

Aunque la muerte de Jesús es única, invita a sus seguidores a morir también. Como una semilla que se planta en el suelo y muere, Jesús nos invita a morir a nosotros mismos para poder dar buenos frutos. Se nos pide que entreguemos nuestras vidas en amor, para ser resucitados a una nueva vida.

El asombroso mensaje del Viernes Santo y Domingo de Pascua, es que la vida se presenta después de la muerte. La gran pregunta que enfrentamos a medida que viajamos a través de los eventos de la cruz y la resurrección es: ¿Qué debemos dejar morir esta Pascua para entrar más plenamente en la nueva vida que Cristo quiere darnos?

Práctica diaria

Escriba su respuesta a la pregunta anterior en una pequeña hoja de papel, rómpala, y luego entiérrela.

DOMINGO DE PASCUA

Leer Marcos 16:1-8

«No os asustéis; buscáis a Jesús nazareno, el que fue crucificado. Ha resucitado, no está aquí; mirad el lugar en donde lo pusieron».
Marcos 16:6

«¡Cristo ha resucitado! ¡Él ha resucitado de verdad!». Este saludo de Pascua nos recuerda que la acción de Dios al levantar a Jesús de la muerte, es el resultado final de nuestra fe. En el tercer día, después de su crucifixión, María Magdalena, María, madre de Santiago, y Salomé encuentran la tumba de Jesús vacía. El amor que Jesús proclama, el amor que él vive, el amor que él representa, no es derrotado por los poderes del mal y la muerte. Esto es una asombrosa buena noticia. Ninguna fe podría ser más trágica, ninguna creencia más inútil, que el cristianismo sin su Señor resucitado. Sería triste y tonto basar nuestras vidas en un héroe muerto.

La evidencia más fuerte de la Resurrección es la transformación de las vidas de los discípulos de Jesús. ¿De qué otra manera explicamos la repentina transformación que tuvo lugar en sus vidas? En esos días, los asustados y afligidos discípulos se transforman en testigos audaces y valientes, dispuestos a morir por su fe. Algo muy extraordinario debe haber ocurrido para que esto pasara. Aquel a quien siguen se ha levantado de la tumba y, lo encuentran de una manera que los convence que ahora, él está viviendo más allá de la crucifixión.

Hoy, la resurrección significa mucho para nuestras vidas. Jesús está presente como nuestro amoroso amigo. Él está disponible para cada uno de nosotros en nuestra lucha con las fuerzas del mal. Nosotros también podemos experimentar «pequeñas Pascuas» en medio de esas situaciones que nos hacen «morir» cada día: la traición de un amigo, la crueldad de un colega, o incluso el fracaso de un sueño. La Pascua, nos recuerda que el Cristo resucitado siempre puede traer luz y vida donde parece que solo hay oscuridad y muerte. ¡Qué maravillosa buena noticia es ésta! En realidad, somos personas de Pascua, que vivimos en un mundo de Viernes Santo.

Podemos celebrar esta buena noticia: ¡Cristo resucitado está entre nosotros! Él hace posible otro tipo de vida para cada uno y para todos. Ha prometido que todas las personas que lo buscan lo encontrarán. Que las palabras de Pablo sean nuestra propia oración hoy: Quiero conocer a Cristo y experimentar el gran poder que lo levantó de los muertos. «Quiero conocerlo a él y el poder de su resurrección, y participar de sus padecimientos hasta llegar a ser semejante a él en su muerte...».

CPSIA information can be obtained
at www.ICGtesting.com
Printed in the USA
LVHW03s0520060918
589295LV00006B/65/P

9 780835 818674